Impressum
Verlag: BABADADA GmbH, Nedderfeld 112 , 22529 Hamburg
Geschäftsführer / Verlagsleitung: Harald Hof
Druck: Books on Demand GmbH, In de Tarpen 42, 22848 Norderstedt

Imprint
Publisher: BABADADA GmbH, Nedderfeld 112 , 22529 Hamburg, Germany
Managing Director / Publishing direction: Harald Hof
Print: Books on Demand GmbH, In de Tarpen 42, 22848 Norderstedt, Germany

escola

ښوونځی

sala de aulas
ټولګی
dividir
تقسیم
186/2
quadro
بورډ
pátio da escola
د ښوونځي حویلی
professor
ښوونکی
papel
ورق
escrever
لیکل
caneta
قلم
secretária
ډیسک
régua
خط کش
livro
کتاب
aluno
زده کونکی

mochila

کڅوړه

estojo de lápis

د پنسل بکسه

lápis

پنسل

afia-lápis

پنسل تراش

borracha

ربړ

bloco de desenho

د رسامۍ پاڼه

desenho

رسامي

pincel

د نقاشۍ برس

caixa de tintas

د نقاشۍ بکس

tesoura

قيچي

cola

سريښ

livro de exercícios

د تمرين کتاب

trabalhos de casa

کورنۍ دنده

12

número

شمير

2+2

somar

جمع

5-2

subtrair

منفي

2×2

multiplicar

ضرب

calcular

حساب

A

letra

توری

ABCDEFG
HIJKLMN
OPQRSTU
VWXYZ

alfabeto

الفبا

hello

palavra

کلمه

texto

متن

ler

لوستل

giz

تباشير

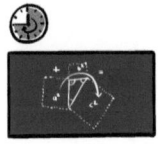

hora

درس

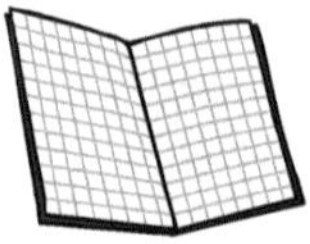

registo de presenças

راجستر

exame

ازموینه

certificado

تصديق پاڼه

uniforme escolar

د ښوونځي يونيفارم

educação

تعليم

enciclopédia

دايره المعارف

universidade

پوهنتون

microscópio

مايكروسكوپ

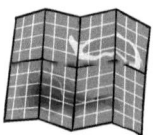

mapa

نقشه

cesto de lixo

اشغالدانی

hotel
هوټل
Grand
hostel
ليليه
ROOMS
casa de câmbio
د اسعارو د تبادلې دفتر
EXCHANGE
mala
بکس
carro
موټر

idioma

ژبه

sim / não

هو/نه

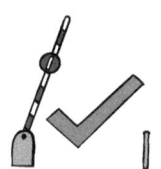

ok / certo / correto

سمه ده

olá

سلام

intérprete

ژباړونکی

obrigado

مننه

quanto é que custa... ?

څومره دي...؟

não entendo

زه نه پوهيږم

problema

ستونزه

boa noite!

ماښام مو پخير!

Bom dia!

سهار په خير!

Boa noite!

شپه په خير!

adeus

په مخه مو ښه

direção

لارښود

bagagem

سامان

saco

بيگ

mochila

شاتنی بکس

convidado

ميلمه

quarto

خونه

saco-cama

د خوب کڅوړه

tenda

خيمه

informação turística

د توریزم معلومات

praia

ساحل

cartão de crédito

کریډيټ کارت

pequeno-almoço

ناری

almoço

د غرمي خواره

jantar

د شپې خواره

bilhete

ټيکټ

elevador

لفټ

selo postal

مهر

fronteira

پوله

alfândega

ګمرک

embaixada

سفارت

visto

ويزه

passaporte

پاسپورټ

transporte

ټرانسپورټ

avião
الوتکه
navio
carro de bombeiros
د اور ماشین
autocarro
بس
camião
barco a motor
موټرکښتی
bicicleta
بایک
carro

cacilheiro

کښتی

barco

کښتی

mota

موټرسایکل

carro de polícia

د پولیسو موټر

carro de corrida

د ریس موټر

carro alugado

کرایی موټر

carsharing

د کرایه موټري

camião de reboque

جرثقیل لرونکی ټرک

camião do lixo

ریفیوز ټرک

motor

موټر

combustível

سونګ توکي

estação de serviço

پټرول سټیشن

sinal de trânsito

ترافیکي نښه

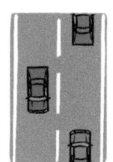

trânsito

ترافیک

congestionamento de trânsito

جام ترافیک

parque de estacionamento

د موټرو تمځای

estação ferroviária

د ریل سټیشن

carris

پاټکي

comboio

ریل

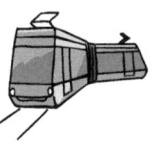

elétrico

ټرام

carruagem

واګون

helicóptero

چورلکه

aeroporto

هوايي ډګر

torre

برج

passageiro

مسافر

contentor

کانټینر

caixa de papelão

کارتون

carrinho

کارټ

cesto

ټوکرۍ

levantar voo / aterrar

الوتنه کول/کښېناستل

cidade

ښار

aldeia

کلی

centro da cidade

د ښار مرکز

casa

کور

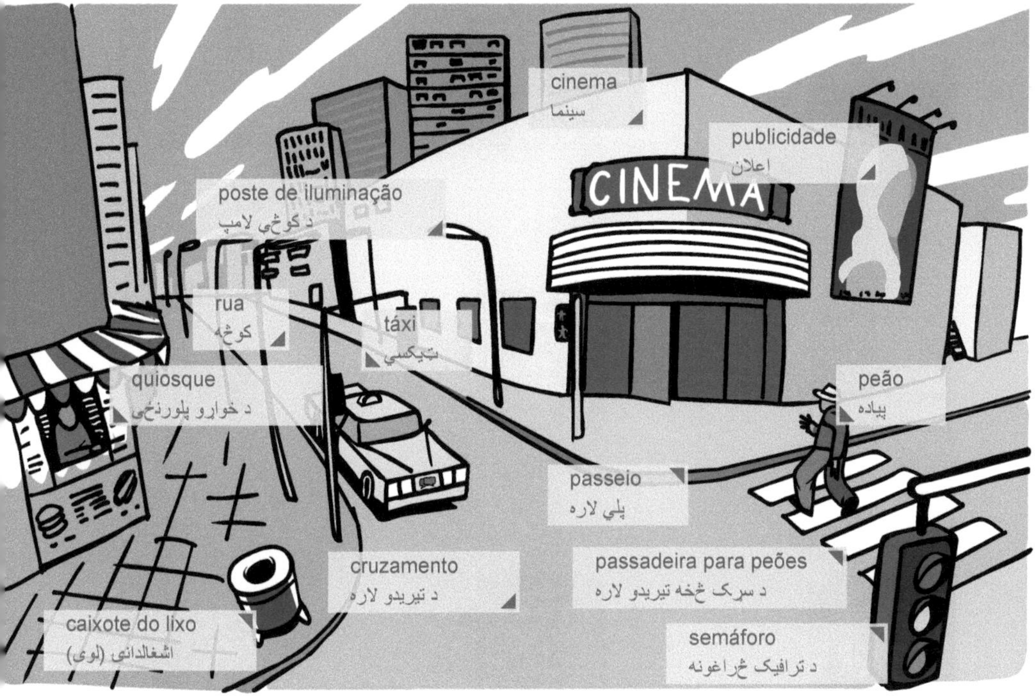

cinema
سینما

publicidade
اعلان

poste de iluminação
د کوڅې لامپ

CINEMA

rua
کوڅه

táxi
ټیکسي

quiosque
د خوارو پلورنځی

peão
پیاده

passeio
پلي لاره

cruzamento
د تیریدو لاره

passadeira para peões
د سړک څخه تیریدو لاره

caixote do lixo
اشغالدانۍ (لوی)

semáforo
د ترافیک څراغونه

cabana

کوډله

apartamento

اپارتمان

estação ferroviária

د ریل ستیشن

câmara municipal

ټاون هال

museu

میوزیم

escola

ښوونځی

universidade

پوهنتون

banco

بانک

hospital

روغتون

hotel

هوټل

farmácia

درملتون

escritório

دفتر

livraria

کتاب پلورنځی

loja

پلورنځی

florista

د ګلانو پلورنځی

supermercado

لوی پلورنځی

mercado

مارکیټ

loja de departamentos

د ډیپارټمنټ سټور

peixaria

کب پلورنځی

centro comercial

د پلور مرکز

porto

لنګرتون

parque

پارک

banco

بینچ

ponte

پل

escadas

زینه

metro

د ځمکي لاندي

túnel

تونل

paragem de autocarro

بس تمځای

bar

بار

restaurante

ریسټورانټ

caixa de correio

پوست بکس

sinal de trânsito

د کوڅې نښه

parquímetro

د پارک کولو میټر

jardim zoológico

ژوبڼ

piscina

د لامبو حوض

mesquita

مسجد

quinta

کرونده

poluição

ناپاکي

cemitério

هديره

igreja

چرچ

parque infantil

د لوبو ډګر

templo

معبد/كليسا

paisagem

منظره

folha
پاڼه

placa de sinalização
د لارښوونې نښه

caminho
لاره

prado
چمن

pedra
کاڼی

caminhantes
هیکر

árvore
ونه

rio
سیند

relva
واښه

flor
ګل

vale

دره

montanha

غونډۍ

lago

ناور

floresta

ځنګل

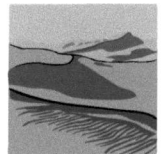

deserto

دښته

vulcão

اورشیندی

castelo

کلا

arco-íris

رنګین کمان

cogumelo

مرخیړي

palma

پلم ونه

mosquito

ماشي

mosca

الوتل

formiga

میږی

abelha

مچی

aranha

غونډل/جولا

besouro

گـونگـپ

sapo

چونگـبڕه

esquilo

نولی

ouriço

زیڕکی

lebre

سوی

coruja

گـونگ

pássaro

مرغی

cisne

قازه

javali

نرخوک

veado

هوسی

alce

گـاوزه

barragem

بند

turbina eólica

بادي توربين

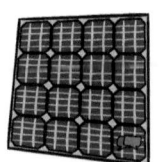

painel solar

سولر تختي

clima

اقليم

empregado de mesa
پیشخدمت
menu
مینو
cadeira
چوکی
sopa
سوپ
pizza
پیزا
talheres
بڼاخی، چاقو، کاشوغه
toalha de mesa

entrada

سټارټر

prato principal

اصلي خواړه

sobremesa

شیرني

bebidas

څښاک

comida

خواړه

garrafa

بوتل

fast food

فاسټ فوډ

comida de rua

د کوڅې خواړه

bule de chá

چای جوش

açucareiro

قندانی

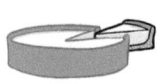

porção

برخه

máquina de café expresso

اسپرسو مشین

cadeira alta

لوړه چوکی

conta

رسید

bandeja

مجمه

faca

چاکو

garfo

پنجه

colher

قاشق

colher de chá

چای قاشق

guardanapo

سورویت

copo

ګلاس

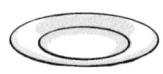

prato

پلیټ

prato de sopa

د سوپ پلیټ

pires

نالبکی

molho

ساس

saleiro

مالګه شیندونکی

moinho de pimenta

د مرچ ټکولو لوخی

vinagre

سرکه

óleo

غوړي

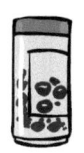

especiarias

مساله

ketchup

کچ اپ

mostarda

شرشم

maionese

چکه

supermercado

لوی پلورنځی

oferta especial
ځانګړی وړاندیز
FOR
cliente
پیرودونکی
laticínios
لبنیات
fruta
میوه
carrinho de compras

talho

....

قصابي

padaria

....

نانوایی

pesar

....

وزن کول

vegetais

....

سبزیجات

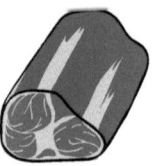

carne

....

غوښه

alimentos congelados

....

کنګل خواړه

charcutaria

يخه غوښه

comida enlatada

كنسروا خواړه

detergente em pó

د مینځلو پوډر

doces

شیریني

artigos domésticos

كورني توليدات

produtos de limpeza

د پاكولو محصولات

vendedora

د پلور فرد

caixa

د نغدي راجستر

caixa

صراف

lista de compras

د پيرود ليست

horário de funcionamento

كاري ساعتونه

carteira

بټوه

cartão de crédito

كريډيټ كارت

saco

كڅوړه

saco de plástico

پلاستيک كڅوړه

bebidas

څښاک

água

اوبه

sumo

جوس

leite

شيده

coca-cola

کوک

vinho

واين

cerveja

بير

álcool

الکول

cacau

ککاو

chá

چای

café

کافي

café expresso

اسپرسو

capuccino

کپچينو

comida

خواړه

banana

كيله

maçã

منڼه

laranja

نارنج

melão

هندواڼه

limão

ليمو

cenoura

گازره

alho

هوږه

bambu

بانکس

cebola

پیاز

cogumelo

مرخيړي

nozes

چغزی

talharim

آش

esparguete

....

سپیګټي

arroz

....

وريجي

salada

....

سلاد

batatas fritas

....

چپس

batatas fritas

....

سره کړي کچالو

pizza

....

پيزا

hambúrguer

....

همبرګر

sanduíche

....

ساندويچ

bife panado

....

کتره

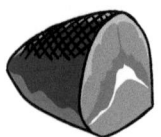

fiambre

....

د پتون غوښه

salame

....

سلمي

salsicha

....

ساسچ

galinha

....

چرګ

assado

....

روسټ

peixe

....

کب

flocos de aveia

د وربشي شيرني

muesli

موسلي

flocos de milho

د جوار پلی

farinha

اوړه

croissant

کروسانت

carcaça (pãozinho)

د ډوډۍ رول

pão

ډوډۍ

torrada

ټوسټ

biscoitos

بسکیټ

manteiga

کوچ

requeijão

چکه

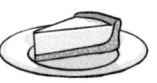

bolo

کیک

ovo

هګۍ

ovo estrelado

پښي هګۍ

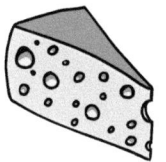

queijo

پنیر

gelado

آیس کریم

açúcar

بوره

mel

شهد

compota

مربا

creme de nougat

نوګاټ کریم

caril

کورکمان

quinta
کرونده

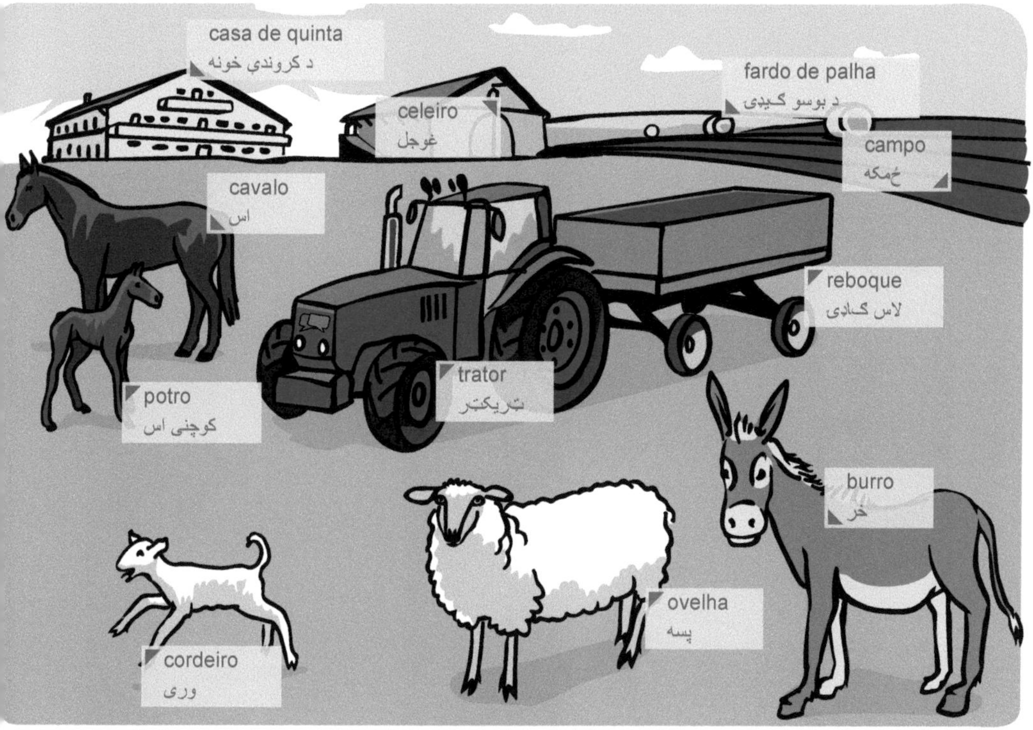
casa de quinta
د کروندي خونه
celeiro
غوجل
fardo de palha
د بوسو ګېډۍ
campo
ځمکه
cavalo
اس
reboque
لاس ګاډی
trator
ټریکټر
potro
کوچنی اس
burro
خر
ovelha
پسه
cordeiro
وری

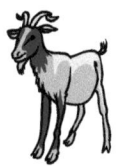

cabra

وزه

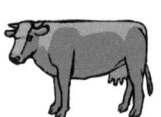

vaca

غوا

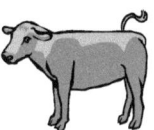

bezerro

خوسکی

porco

خوګ

leitão

د خوګ بچی

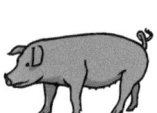

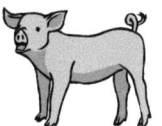

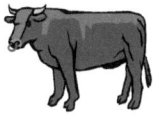

touro

غویی

ganso
....
بته

pato
....
هیلۍ

pintaínho
....
چرګوړی

galinha
....
چرګه

galo
....
بانګي

ratazana
....
سارای موږک

gato
....
پیشک

rato
....
موږک

boi
....
غویی

cão
....
سپی

casota
....
د سپي خونه

mangueira de jardim
....
د باغ هوز

regador
....
د اوبو لوخی

foice
....
لور (داس)

arado
....
یوی

foice

لور

enxada

رمبی

forquilha

ښاخی

machado

تبر

carrinho de mão

کراچۍ

manjedoura

ناوه

jarro de leite

د شیدو لوخی

saco

جوال

cerca

کټاره

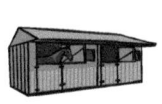

estábulo

مضبوط

estufa

شنه خونه

solo

خاوره

semente

تخم

fertilizante

سره/کود

ceifeira-debulhadora

ګډ ریبونکی ماشین

colher

زیرمه کول

colheita

درمند

inhame

خوارِه کچالو

trigo

غنم

soja

سویا

batata

کچالو

milho

جوار

colza

نباتي تخم

árvore de fruto

د میوې ونه

mandioca

مانیوک

cereais

غله

chaminé
درشخه

telhado
بام

caleira
ناودان

janela
کرکۍ

garagem
ګراج

campainha da porta
د دروازې زنګ

porta
دروازه

balde do lixo
اشغالدانی

caixa de correio
د لیک بکس

jardim
باغ

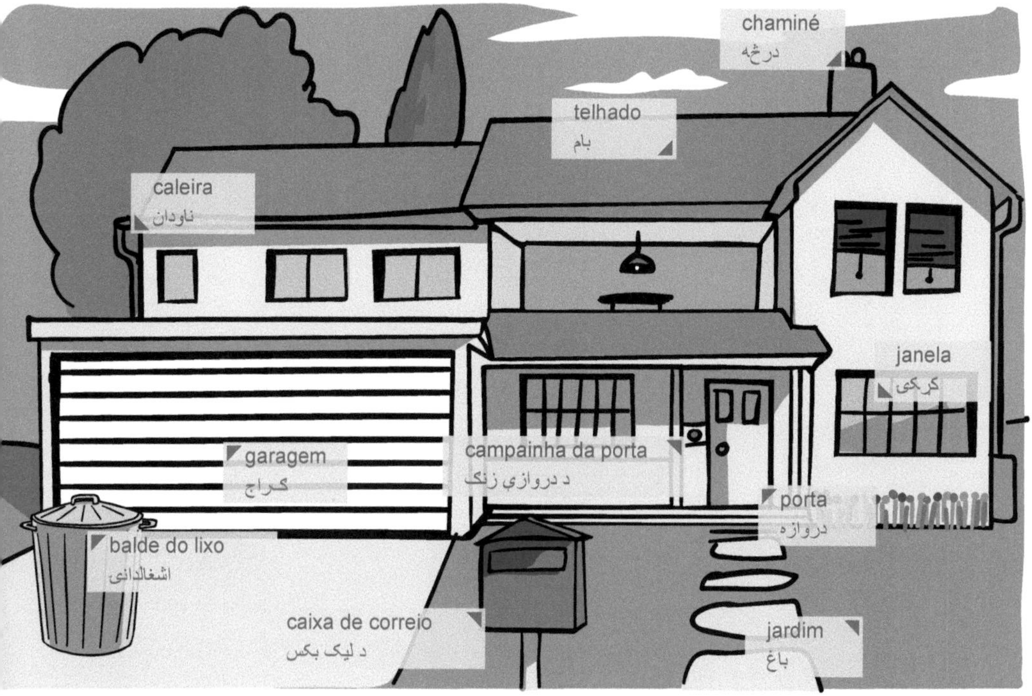

sala de estar
....
د اوسیدو خونه

casa de banho
....
حمام

cozinha
....
پخلنځی

quarto de dormir
....
د ویده کیدو خونه

quarto de criança
....
د ماشوم خونه

sala de jantar
....
د خوارو خونه

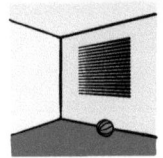

chão

فرش

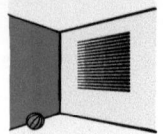

parede

دیوال

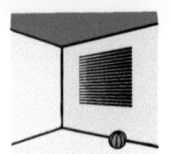

teto

چت

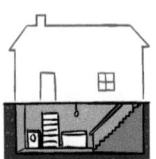

cave

زیرخانه

sauna

سونا

varanda

بالکوني

terraço

تراس

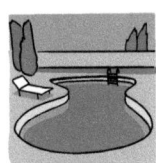

piscina

حوض

máquina de cortar relvado

د چمن وهلو ماشین

lençol

شیټ

cobertor

روجایی

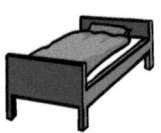

cama

تخت

vassoura

جارو

balde

بوکه

interruptor

سویچ

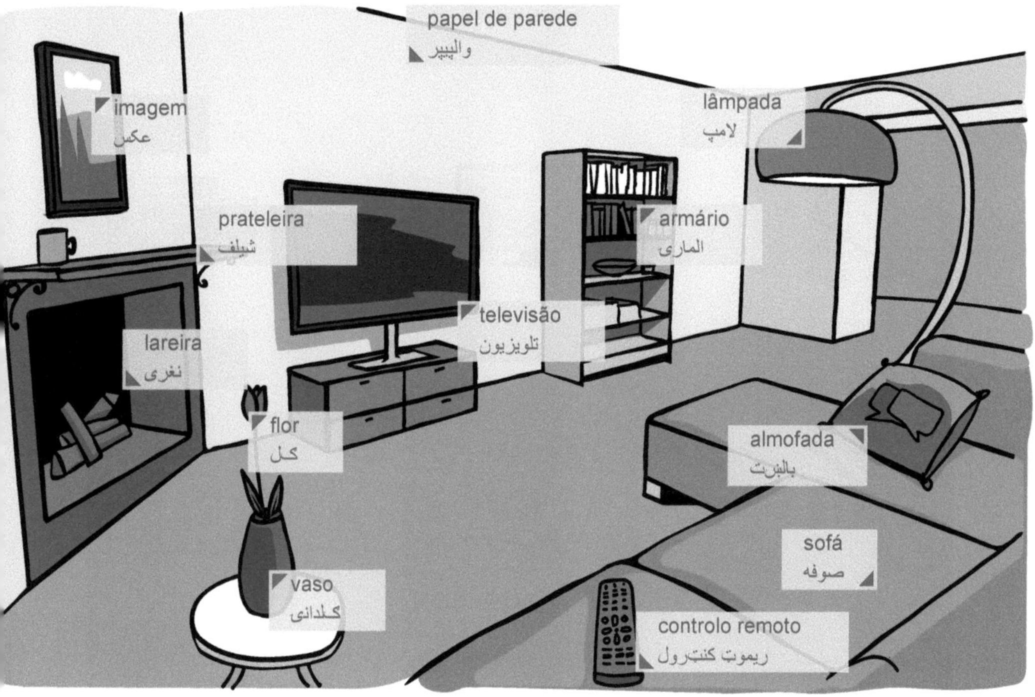

sala de estar
د اوسیدو خونه

والپیپر
imagem
عکس
lâmpada
لامپ
prateleira
شیلف
armário
الماری
televisão
تلویزیون
lareira
نغری
flor
ګل
almofada
بالښت
sofá
صوفه
vaso
ګلدانی
controlo remoto
ریموټ کنټرول

tapete

غالۍ

cortina

پرده

mesa

میز

cadeira

چوکۍ

cadeira de baloiço

تاویدونکي چوکۍ

poltrona

بازو لرونکی چوکۍ

livro

كتاب

cobertor

کمپل

decoração

ډيکوريشن

lenha

د اور لرګي

filme

فلم

sistema estéreo

هايفای

chave

کلي

jornal

ورځپاڼه

pintura

نقاشي

póster

پوستر

rádio

راډيو

bloco de notas

کتابچه

aspirador

واکيوم جارو

cato

کاکتوس

vela

شمع

cozinha
پخلنځی

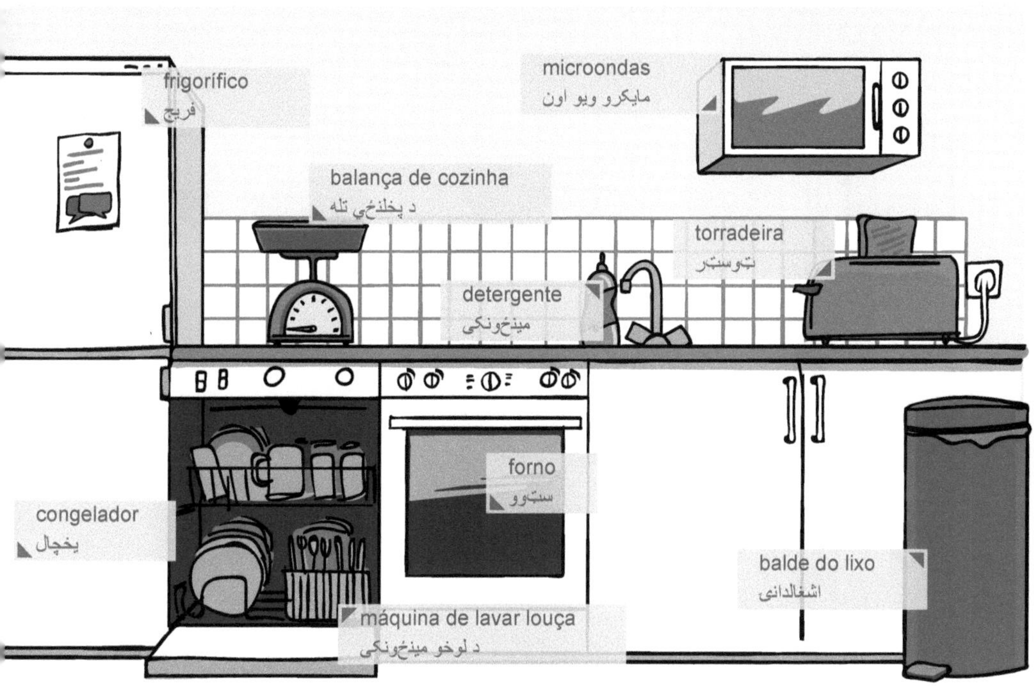
frigorífico
فریج
microondas
مایکرو ویو اون
balança de cozinha
د پخلنځي تله
torradeira
توستر
detergente
مینځونکی
forno
ستوو
congelador
یخچال
balde do lixo
اشغالدانی
máquina de lavar louça
د لوخو مینځونکی

fogão

دیګ بخار

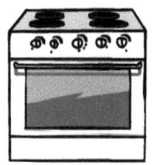

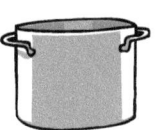

panela

لوخی

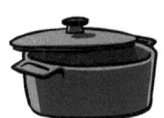

panela de ferro

چدني لوخی

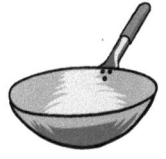

wok / kadai

ووک

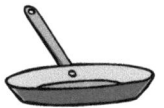

frigideira

د تلي په

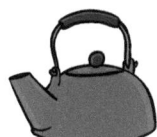

chaleira

چای جوش

panela a vapor

د بخار دیگ

tabuleiro de forno

پتنوس

louça

لوخي

caneca

مگ

tigela

کاسه

pauzinhos

د رانیولو اوزار

concha de sopa

ځمڅی

espátula

کفګیر

batedor de claras

پاکونکی

escorredor

صافي

peneira

غلبیل

ralador

کـریټر

almofariz

اونګ

churrasqueira

بار بي کیو

lareira

خلاص اور

tábua de cortar

تخته

rolo da massa

هوارونکی

saca-rolhas

کارک سکریو

lata

ټیم

abridor de latas

د ټیم خلاصونکی

luvas de forno

د لوخي ټوټه

lava-loiça

ظرف شوی

escova

برس

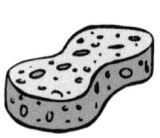

esponja

سپنج

liquidificador

بلیندر

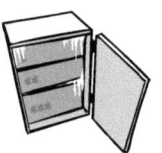

arca frigorífica

ژور یخچال

biberão

د ماشوم بوتل

torneira

نل

casa de banho

حمام

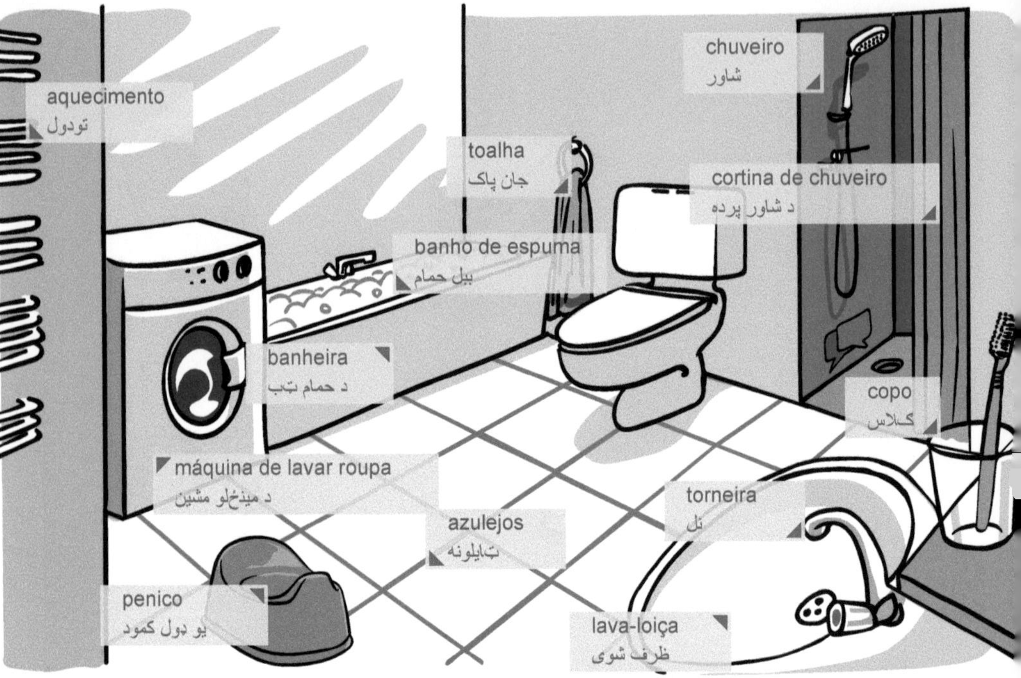

aquecimento
تودول
toalha
جان پاک
chuveiro
شاور
cortina de chuveiro
د شاور پرده
banho de espuma
banheira
د حمام ټب
copo
máquina de lavar roupa
د مینځلو مشین
torneira
azulejos
ټایلونه
penico
يو ډول كمود
lava-loiça
ظرف شوی

sanita

تشناب

retrete turca

فرشي كمود

bidé

كمود

urinol

د متیازو ځای

papel higiénico

تشناب كاغذ

piaçaba

د تشناب برس

escova de dentes

د غاښونو برس

pasta de dentes

د غاښونو کريم

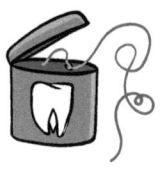

fio dentário

د غاښونو نخ

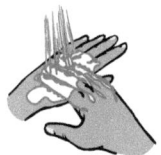

lavar

مينځل

chuveiro de mão

لاسي شاور

duche íntimo

دوش

bacia

خانک

escova para as costas

د شا برس

sabonete

صابون

gel de banho

د شاور ژل

champô

شامپو

toalha de rosto

فلانل جامه

escoamento

وچول

creme

کريم

desodorizante

سپرې

espelho

آینه

espelho de mão

لاسي آینه

máquina de barbear

ریزر

creme de barbear

د خریلو فوم

loção pós-barba

د خریلو وروسته

pente

گمنځ

escova

برس

secador de cabelo

د ویښتانو وچونکی

spray de cabelo

د ویښتانو سپری

maquilhagem

میک اپ

batom

لیپ سټیک

verniz de unhas

د نوکانو پالش

algodão

کاټن ورۍ

tesoura para unhas

ناخن گیر

perfume

عطر

nécessaire

د مینځلو کڅوړه

tamborete

سټول

balança

د وزن کولو تله

roupão de banho

د حمام پوښاک

luvas de borracha

د ربړ دستکش

tampão

ټامپون

penso higiénico

صحيي جان پاک

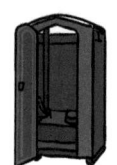

WC químico

کیمیکل تشناب

quarto de criança

د ماشوم خونه

د الارم ساعت
peluche
د لوبو وسایل
carro de brincar
د نانځکي موټر
chocalho
casa de bonecas
presente
ډالۍ

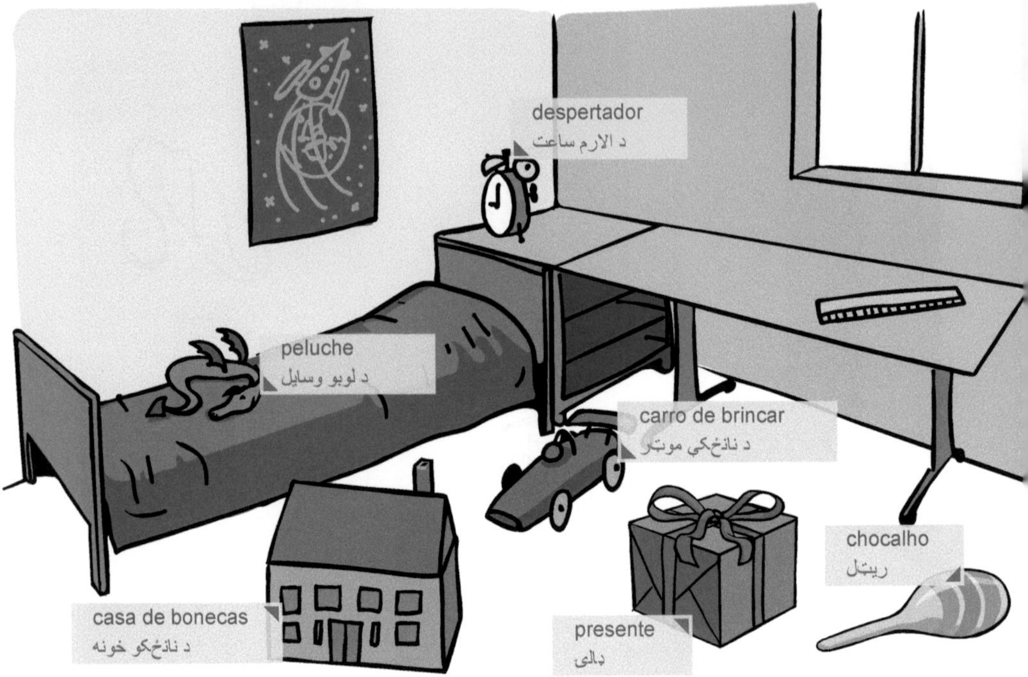

balão

بالون

cama

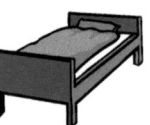

تخت

carrinho de bebé

کالسکه

jogo de cartas

د لوبو ورقي

quebra-cabeças

جيګسا

banda desenhada

مسخره

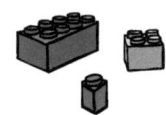

peças de Lego

ليګو بريک

blocos de construção

د ناڅکو بلاک

figura de ação

د اکشن فيګور

fato de bebé

د ماشوم پوښاک

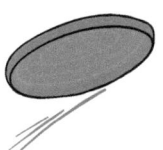

Frisbee

فريزبي

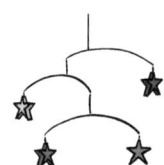

móbile para bebé

موبايل

jogo de tabuleiro

بورډ لوبه

dados

تاس

pista de comboio elétrico

ماډل ريل سيټ

chupeta

ګونګشی

festa

پارټي

livro ilustrado

د عکسونو البوم

bola

بال

boneca

ناڅکه

jogar

لوبيدل

caixa de areia

د شګو کنده

baloiço

سوینګ

brinquedos

نانځکي

consola de jogos

د ویډیو لوبو کنسول

triciclo

ټرای سایکل

ursinho de peluche

ګوډکه

guarda-roupa

د کالو الماری

vestuário

پوښاک

meias

جرابې

meias pelo joelho

لوړې جرابې

meias-calças

ټایټس

cachecol
زروکی

guarda-chuva
چترۍ

t-shirt
بنۍ شرت

cinto
کمربند

botas
بوټان

chinelos
سلیپر

sapatilhas
سنیکر

sandálias
سیندل

sapatos
بوټان

botas de borracha
د ربر بوټان

cuecas
زیرنیکري

sutiã
سینه بند

camisola interior
واسکټ

body

بادي

calças

پتلون

calças de ganga

جينز

saia

لمن

blusa

بلاوز

camisa

شرټ

pulôver

بنیان

camisola com capuz

سویټر

blazer

بلیزر

casaco

جاکټ

manto

کوټ

gabardina

د باران کوټ

traje

پوښاک

vestido

کالي

vestido de casamento

د واده پوښاک

fato

دريشي

camisa de dormir

د شپې پوښاک

pijama

پاجامه

sari

ساړي

lenço de cabeça

لوپټه

turbante

پټکی

burca

برقه

cafetã

کفتن

abaya

عبا

fato de banho

د لامبو پوښاک

calções de banho

نیکر

calções

شارټ

fato de treino

د ځغاستې پوښاک

avental

پیش بند

luvas

دستکش

botão

بټن

óculos

عینک

pulseira

لاس بند

colar

غاړه کې

anel

ګوتمه

brinco

غوږوالۍ

boné

خولۍ

cabide

کوټ بند

chapéu

خولۍ

gravata

ټایی

fecho de correr

ځنځير

capacete

هيلميټ

suspensórios

تړونکی

uniforme escolar

د ښوونځي يونيفارم

uniforme

يونيفارم

babete

بيب

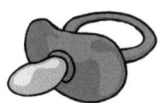

chupeta

ګونګشی

fralda

نيپي

escritório

دفتر

servidor
سرور
armário de arquivo
د دوسيه الماری
impressora
پرينټر
papel
ورق
ecrã
مانيټور
secretária
ډيسک
rato
ماوس
pasta
فولډر
teclado
کي بورډ
cesto de lixo
اشغالدانی
computador
کمپيوټر
cadeira
چوکی

caneca de café

د کافي پياله

calculadora

کالکوليټر

internet

انټرنيټ

computador portátil

لپ ټاپ

carta

لیک

mensagem

پیغام

telemóvel

موبایل

rede

نیټورک

fotocopiadora

فوټوکاپیر

software

سافټویر

telefone

تلیفون

tomada elétrica

پلګ ساکټ

fax

فکس مشین

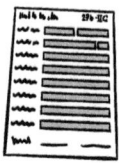

formulário

فارم

documento

سند

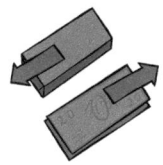

comprar

پیرل

pagar

تادیه کول

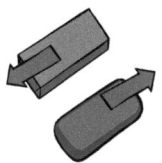

negociar

سوداګري کول

dinheiro

پیسې

dólar

ډالر

euro

یورو

yen

ین

rublo

ربل

franco suíço

سویسي فرانک

renminbi yuan

رینمینبي یوان

rupia

روپۍ

caixa de multibanco

د نغدي پیسو ځای

casa de câmbio

د اسعارو د تبادلې دفتر

ouro

سره زر

prata

سپین زر

petróleo

تیل

energia

انرژي

preço

نرخ

contrato

قرارداد

imposto

مالیه

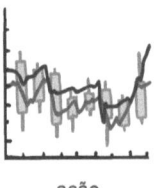

ação

اسهام

trabalhar

کار کول

empregado

کارمند

entidade patronal

کار ګومارونکی

fábrica

فابریکه

loja

پلورنځی

profissões
مسلکونه

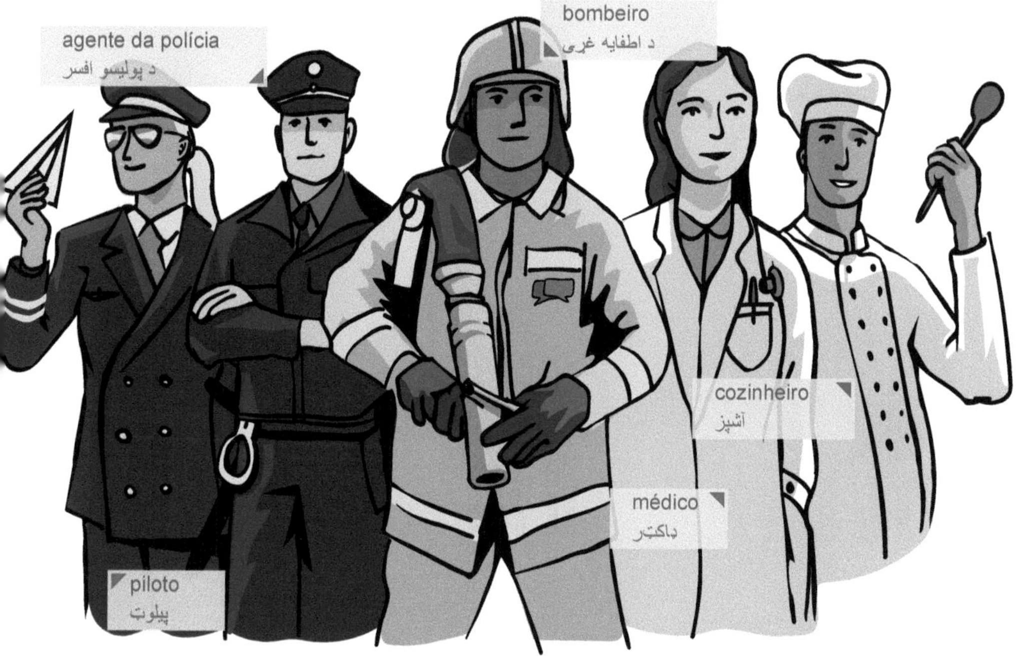

agente da polícia
د پولیسو افسر
bombeiro
د اطفایه غړی
cozinheiro
آشپز
médico
داکټر
piloto
پیلوټ

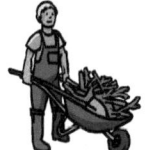

jardineiro
باغوان

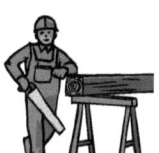

carpinteiro
نجار

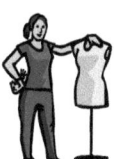

costureira
خیاط

juiz
قاضي

químico
کیمیا پوه

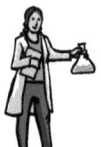

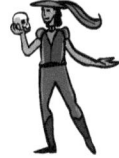

ator
د فلم لوبغاړی

motorista de autocarro

د بس ډرایور

motorista de táxi

د ټېکسي ډرایور

pescador

کب نیونکی

empregada de limpeza

خدمه

telhador

بام جوړونکی

empregado de mesa

پېشخدمت

caçador

ښکاري

pintor

نقاش

padeiro

نانوا

eletricista

د برېښنا کارکونکی

construtor

تعمیر جوړونکی

engenheiro

انجنیر

talhante

قصاب

canalizador

نلدوان

carteiro

پوست رسونکی

soldado

سرتیری

arquiteto

مهندس

caixa

صراف

florista

مالیار

cabeleireiro

نایی

controlador de bilhetes

کلینډر

mecânico

میکانیک

capitão

کپتان

dentista

د غاښونو ډاکټر

cientista

ساینس پوه

rabino

ښراغلی

imã

امام

monge

مذهبي نفر

pastor

پادري

ferramentas
لوازم

martelo
alicate
پلاس
chave de fendas
پیچکش
chave inglesa
رینچ
lanterna
څراغ

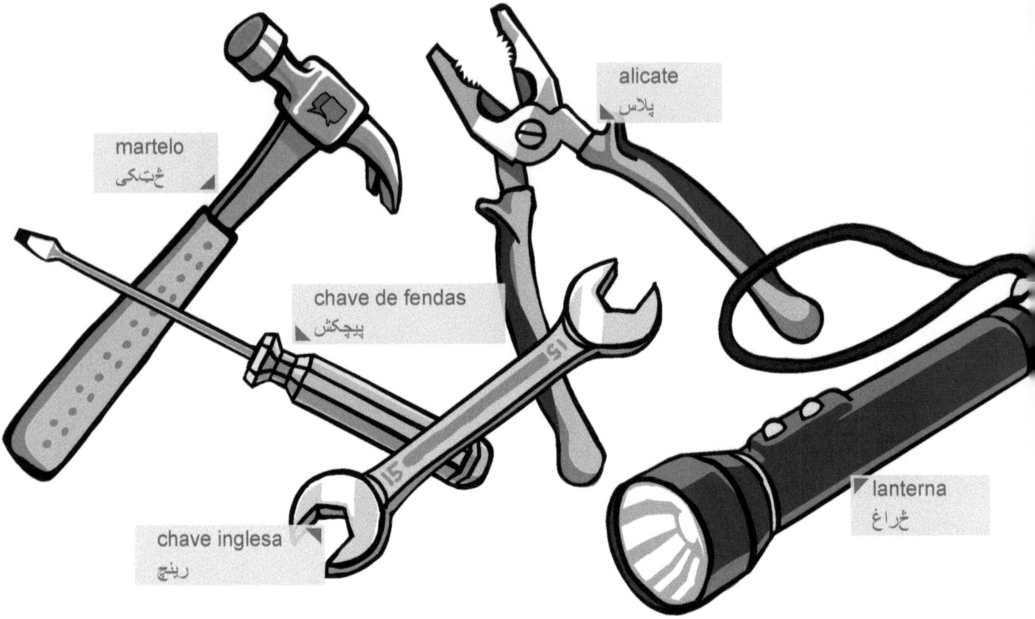

escavadora

کنستونکی

caixa de ferramentas

د لوازمو بکس

escadote

زینه

serra

اره

pregos

میخونه

broca

برمه

reparar

ترمیم کول

pá

بیل

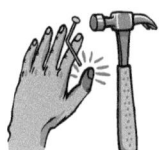

porcaria!

لعنت!

pá de lixo

خاک انداز

pote de tinta

مشواڼۍ

parafusos

پیچونه

instrumentos musicais

د میوزیک آلات

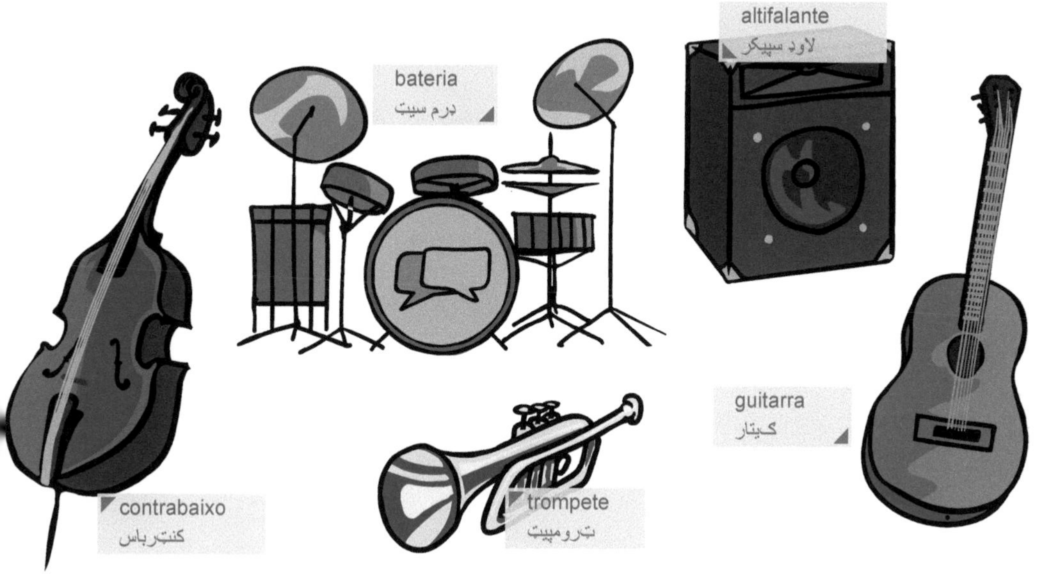

altifalante
لاوډ سپیکر
bateria
ډرم سیټ
guitarra
ګیتار
contrabaixo
کنټرباس
trompete
ټرومپیټ

piano

پیانو

violino

وایلن

baixo

باس

timbales

نغاره

tambor

ډرمونه

teclado

کي بورډ

saxofone

سیکسافون

flauta

شپیلۍ

microfone

مایکروفون

jardim zoológico

ژوبڼ

entrada
ننوتو لاره
tigre
gaiola
پنجره
zebra
ګوره خر
ração animal
د ژويو خواړه
panda

animais

ژوی

elefante

هاتي

canguru

کنګرو

rinoceronte

د اوبو اسپ

gorila

ګوريلا

urso

ايږه

camelo

اوښ

avestruz

شترمرغ

leão

زمری

macaco

بيزو

flamingo

غزی

papagaio

طوطي

urso polar

قطبي ايږه

pinguim

پينګوين

tubarão

شارک

pavão

طاوس

cobra

مار

crocodilo

تمساح

guarda do jardim zoológico

ژوبڼ ساتونکی

foca

سيل

jaguar

جګوار

pónei

یابو

leopardo

پړانګ

hipopótamo

هيپو

girafa

زرافه

águia

باز

javali

نرخوګ

peixe

کب

tartaruga

شمشتی

morsa

سمندري نولی

raposa

ګیدړه

gazela

هوسی

futebol americano
امريکايی فټبال
ciclismo
سايکل ځغلول
ténis
basquetebol
باسکيټبال
natação
لامبو
boxe
باکسينګ
hóquei no gelo
د کنګل هاکي

futebol
فټبال

badminton
کسيزه

atletismo
د ځغاستې لوبې

andebol
د هندبال

esqui
سکي

polo
پولو

saltar
ټوپ وهل
abraçar
غاړه ورکول
rir
خندل
andar
cantar
سندرې ويل
sonhar
خوب ليدل
rezar
عبادت کول
beijar
مچو کول

escrever
....
ليکل

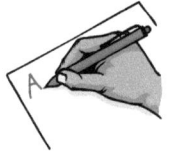

desenhar
....
کښل

mostrar
....
ښودل

empurrar
....
ټېله کول

dar
....
ورکول

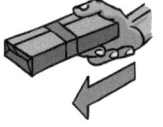

tomar
....
اخيستل

ter

درلودل

fazer

کول

ser

پاییدل

ficar de pé

ودریدل

correr

منډې وهل

puxar

راکښل

remessar

ګوزارل

cair

لویدل

deitar

څملاستل

esperar

انتظار کول

carregar

وړل

sentar

کښیناستل

vestir

پوښاک اغوستل

dormir

ویده کیدل

acordar

پاڅیدل

olhar para

کتل

chorar

ژړل

acariciar

برید کول

pentear

ګمنځ کول

falar

خبري کول

compreender

پوهیدل

perguntar

غوښتل

ouvir

اوریدل

beber

څښل

comer

خوړل

arrumar

پاکول

amar

مینه کول

cozinhar

پخلی کول

conduzir

موټر چلول

voar

الوتل

velejar

بیړۍ چلول

calcular

حساب

ler

لوستل

aprender

زده کول

trabalhar

کار کول

casar

واده کول

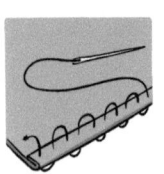

costurar

ګنډل

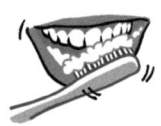

escovar os dentes

د غاښونو برس کول

matar

وژل

fumar

سګرټ څښل

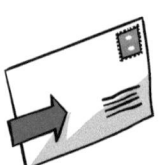

enviar

لیږل

família
کورنۍ

avó
نیا
avô
نیکه
pai
پلار
mãe
مور
bebé
ماشوم
filha
لور
filho
زوی

convidado
....
میلمه

tia
....
ترور

tio
....
کاکا/ماما

irmão
....
ورور

irmã
....
خور

corpo

بدن

testa
تندی
olho
ombro
اوږه
dedo
ګوته
cara
مخ
queixo
زنه
mão
لاس
peito
سینه
perna
پښه
braço

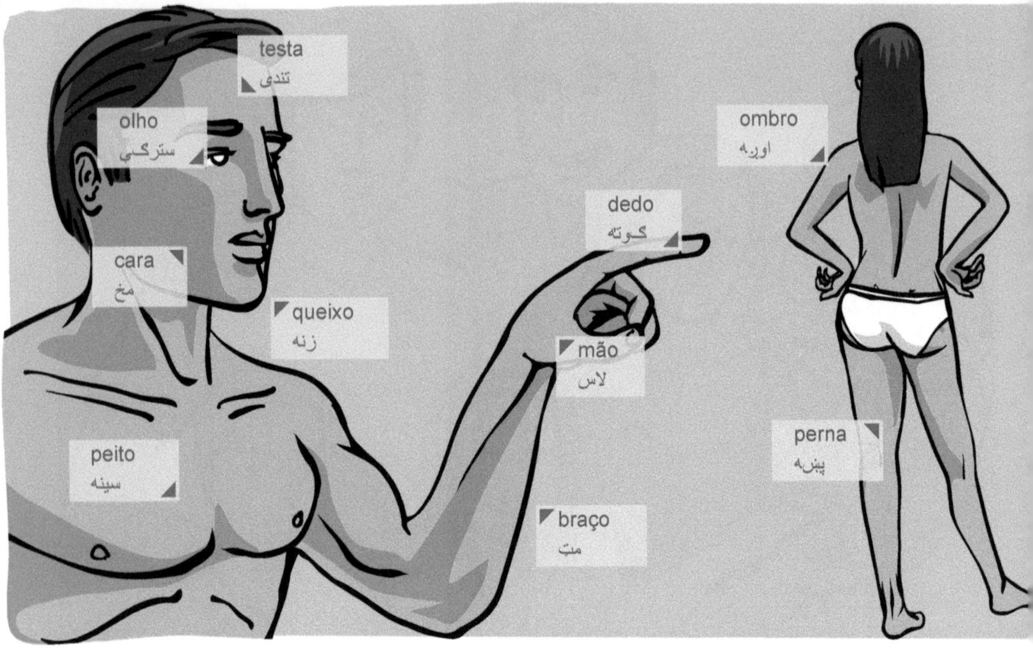

bebé

ماشوم

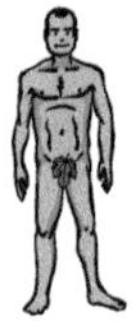

homem

سړی

mulher

ښځه

menina

انجلۍ

menino

هلک

cabeça

سر

costas

شا

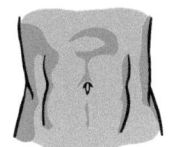

barriga

خېټه

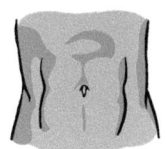

umbigo

نوم

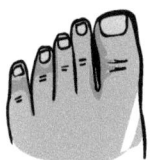

dedo do pé

د پښې ګوته

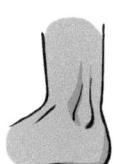

calcanhar

پونده

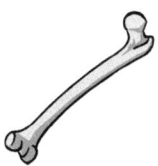

osso

هډوکی

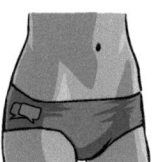

anca

کوناټی

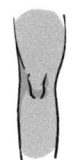

joelho

زنګون

cotovelo

څنګل

nariz

پوزه

nádegas

لاندي برخه

pele

پوټکی

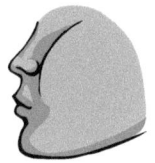

bochecha

غومبوری

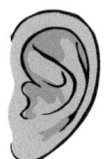

orelha

غوږ

lábio

شونډه

boca

خوله

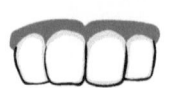

dente

غاښ

língua

ژبه

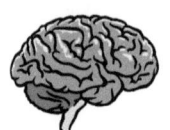

cérebro

مغز

coração

زړه

músculo

عضله

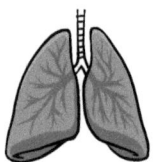

pulmão

سږی

fígado

ځيګر

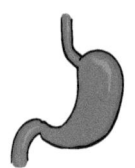

estômago

معده

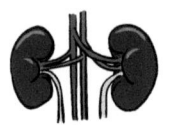

rins

پښتورګي

relações sexuais

جنسي نږدې والی

preservativo

کاندوم

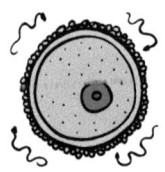

óvulo

تخمه

esperma

مني

gravidez

حمل

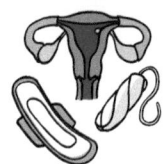

menstruação

حيض

vagina

مهبل

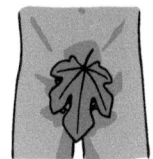

pénis

د نارينه تناسلي آله

sobrancelha

ورو‌ځې

cabelo

ویښته

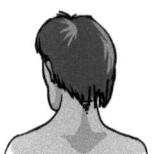

pescoço

غاړه

hospital

روغتون

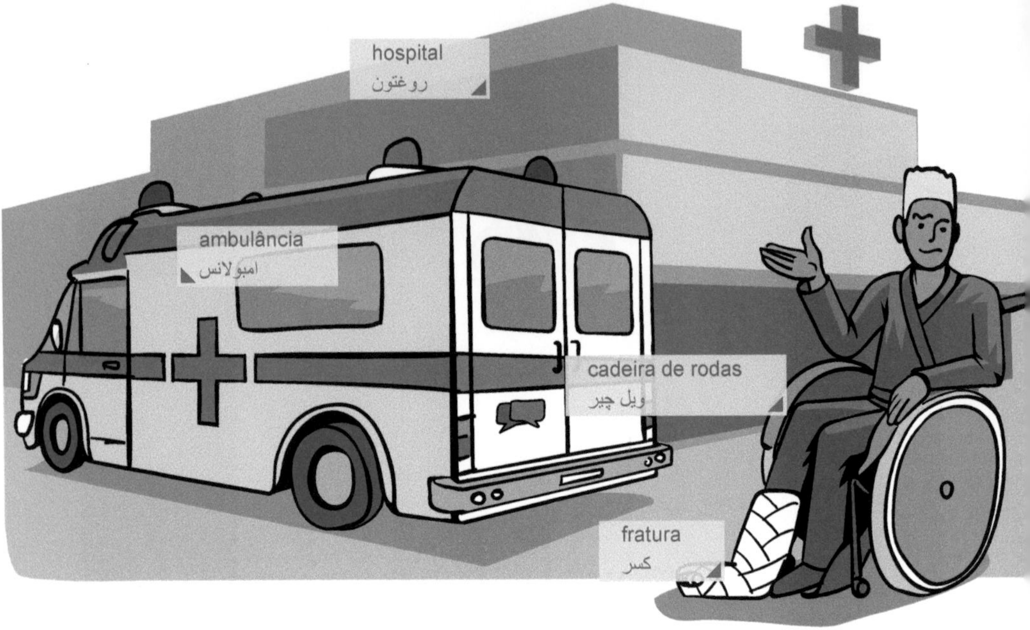

ambulância
امبولانس
cadeira de rodas
ویل چیر
fratura
کسر

médico

ډاکټر

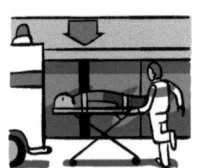

serviço de urgências

عاجل خونه

enfermeira

رنځورپال

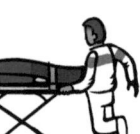

emergência

عاجل

inconsciente

بې هوش

dor

درد

ferimento

ټپ

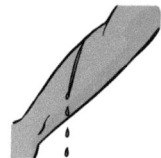

hemorragia

وینه تویدل

ataque cardíaco

د زړه حمله

acidente vascular cerebral

ضرب

alergia

حساسیت

tosse

ټوخی

febre

تبه

gripe

انفلوینزا

diarreia

نس ناستی

dor de cabeça

سر درد

cancro

سرطان

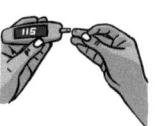

diabetes

شکر

cirurgião

جراح

bisturi

سکالپل

operação

عملیات

CT

سیټي

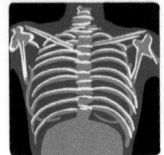

raio x

ایکس رې

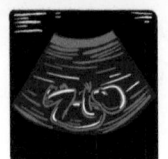

ultrassom

الټراساونډ

máscara

د مخ ماسک

doença

ناروغي

sala de espera

انتظار خونه

muleta

امساً

penso rápido

پلستر

ligadura

بنداژ

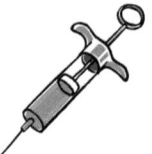

injeção

تزريق

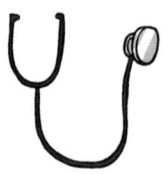

estetoscópio

ستاتسکوپ

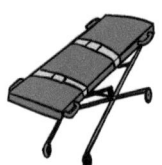

maca

تسکیره

termómetro

کلینکي ترماميټر

nascimento

زیږون

excesso de peso

زیات وزن

aparelho auditivo

د اوریدو مرسته

desinfetante

د عفونیت ځخه پاکونکي مواد

infeção

عفونیت

vírus

ویروس

HIV / SIDA

ایچ.آی.وی/ایډز

medicamento

درمل

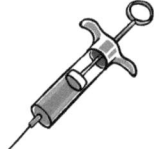

vacinação

واکسین

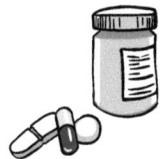

comprimidos

ټابلیټس

pílula

ګولی

chamada de emergência

عاجل تلیفون

dispositivo de medição de pressão arterial

د وینې د فشار ځارونکی

doente / saudável

ناروغ/روغ

emergência

عاجل

Socorro!

مرسته!

alarme

الارم

assalto

يرغل

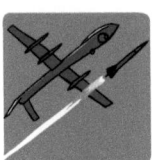

ataque

برید

perigo

خطر

saída de emergência

عاجل لاره

Fogo!

اور!

extintor de incêndios

د اور وژونکی

acidente

پيښه

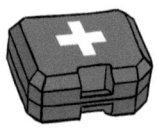

estojo de primeiros socorros

د لومړی مرستې لوازم

SOS

ایسد.او.ایس

polícia

پولیس

terra
خمکه

Europa

اروپا

América do Norte

شمالي امريکا

América do Sul

سهيلي امريکا

África

افريقا

Ásia

آسيا

Austrália

آسټريليا

Atlântico

اتلانتيک

Pacífico

پاسيفيک

Oceano Índico

د هند بحر

Oceano Antártico

جنوبي منجمد بحر

Oceano Ártico

د شمال قطب بحر

Polo Norte

شمالي قطب

Polo Sul

سهيلي قطب

Antártica

انټارکټيکا

terra

ځمکه

país

ځمکه

mar

بحر

ilha

ټاپو

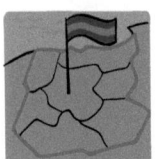

nação

ملت

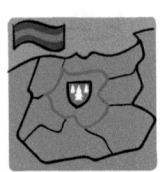

estado

دولت

78 terra - ځمکه

relógio
ساعت

mostrador do relógio

د مخي ساعت

ponteiro das horas

د ساعت ستنه

ponteiro dos minutos

د دقیقي ستنه

ponteiro dos segundos

د ثانیی ستنه

Que horas são?

څه وخت دی؟

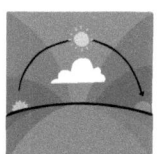

dia

ورځ

tempo

وخت

agora

اوس

relógio digital

ډیجیټل ساعت

minuto

دقیقه

hora

ساعت

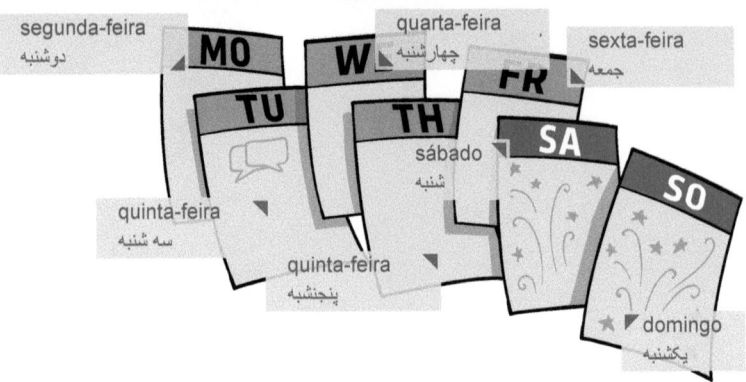

segunda-feira
دوشنبه

quarta-feira
چهارشنبه

sexta-feira
جمعه

quinta-feira
سه شنبه

sábado
شنبه

quinta-feira
پنجشنبه

domingo
یکشنبه

ontem

پرون

hoje

نن

amanhã

سبا

manhã

سهار

meio-dia

غرمه

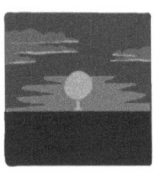

entardecer

ماښام

MO	TU	WE	TH	FR	SA	SU
1	2	3	4	5	6	7
8	9	10	11	12	13	14
15	16	17	18	19	20	21
22	23	24	25	26	27	28
29	30	31	1	2	3	4

dias úteis

کاري ورځي

MO	TU	WE	TH	FR	SA	SU
1	2	3	4	5	6	7
8	9	10	11	12	13	14
15	16	17	18	19	20	21
22	23	24	25	26	27	28
29	30	31	1	2	3	4

fim de semana

د اونۍ پای

chuva
باران
arco-íris
رنګین کمان
vento
باد
neve
واوره
primavera
پسرلی
verão
اوړی
outono
منی
inverno
ژمی

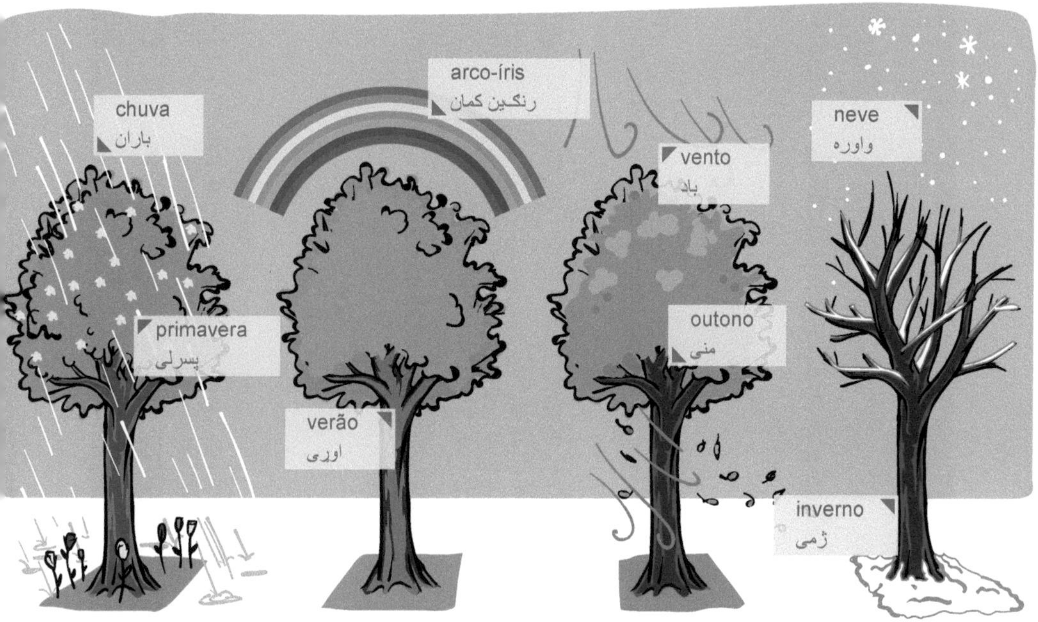

previsão do tempo

د موسم وړاندوینه

termómetro

ترمومیټر

raios de sol

د لمر وړانګې

nuvem

وريځ

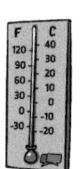

neblina / nevoeiro

لړه

humidade do ar

رطوبت

relâmpago

رڼا

trovão

تندر

tempestade

توفان

granizo

ږلی وريدل

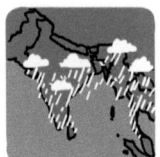

monção

مون سون باران

inundação

سيلاب

gelo

يخ

janeiro

جنوري

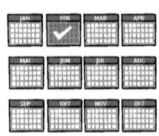

fevereiro

فبروري

março

مارچ

abril

اپريل

maio

مى

junho

جون

julho

جولاى

agosto

اګست

setembro

سپتمبر

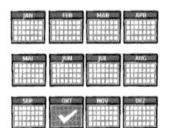

outubro

اکتوبر

novembro

نومبر

dezembro

دسمبر

formas

شکلونه

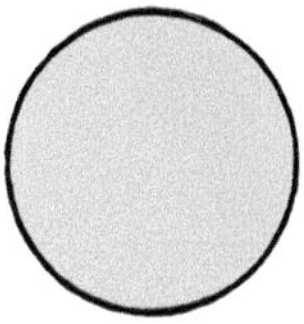

círculo

دایره

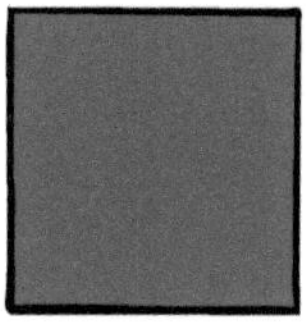

quadrado

مربع

retângulo

مستطیل

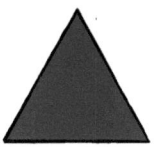

triângulo

مثلث

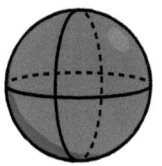

esfera

توپ

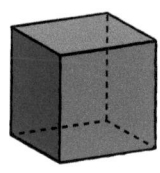

cubo

فال

cores
رنګونه

branco

سپین

amarelo

ژیړ

laranja

نارنجي

rosa

ګلابي

vermelho

سور

lilás

ارغواني

azul

نیلي

verde

شین

castanho

نسواري

cinzento

خړ

preto

تور

opostos

متضاد

muito / pouco

خورا ډیر/خورا لږ

furioso / calmo

قار/ارام

lindo / feio

ښکلي/بدشکله

princípio / fim

پیل/پای

grande / pequeno

لوی/کوچنی

claro / escuro

روښانه/تیاره

irmão / irmã

ورور/خور

limpo / sujo

پاک/ککړ

completo / incompleto

مکمل/نامکمل

dia / noite

ورځ/شپه

morto / vivo

مړ/ژوندی

largo / estreito

پراخه/نری

comestível / não comestível

د خوراک وړ/نه خوړل کیدونکی

mau / gentil

بد/مهربان

entusiasmado / entediado

پاریدلی/بي خونده

gordo / magro

چاق/وچ

primeiro / último

لومړی/وروستی

amigo / inimigo

ملګری/دښمن

cheio / vazio

ډک/تش

duro / macio

سخت/نرم

pesado / leve

دروند/سپک

fome / sede

لوږه/تنده

doente / saudável

ناروغ/روغ

ilegal / legal

غیرقانوني/قانوني

inteligente / burro

هوښیار/ساده

esquerda / direita

کیڼ/ښي

perto / longe

نږدې/لرې

novo / usado

....

نوی/زوړ

nada / algo

....

هیڅ/یوڅه

velho / jovem

....

بډا/ځوان

ligado / desligado

....

چالان/بند

aberto / fechado

....

خلاص/تړلی

baixo / alto

....

غلی/لوړ غږ

rico / pobre

....

بډایه/غریب

certo / errado

....

صحیح/غلط

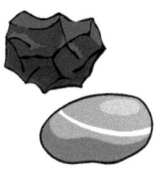

áspero / liso

....

زیږ/ملایم

triste / feliz

....

خفه/خوښ

curto / longo

....

لنډ/اوږد

lento / rápido

....

سست/ګړندی

molhado / seco

....

لوند/وچ

ameno / fresco

....

ګرم/یخ

guerra / paz

....

جګړه/سوله

números

شميرې

0

zero

صفر

1

um

يو

2

dois

دوه

3

três

درې

4

quatro

څلور

5

cinco

پنځه

6

seis

شپږ

7

sete

اوه

8

oito

اته

9

nove

نهه

10

dez

لس

11

onze

يولس

12

doze

دولس

13

treze

ديارلس

14

catorze

ڇوارلس

15

quinze

پنځلس

16

dezasseis

شپٳرس

17

dezassete

وولس

18

dezoito

اتلس

19

dezanove

نولس

20

vinte

شل

100

cem

سل

1.000

mil

زر

1.000.000

milhão

ميليون

idiomas

ژبې

inglês

انګلسي

inglês americano

امریکایی انګلسي

chinês mandarim

چینایی مندرین

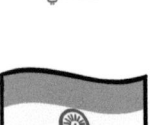

hindi

هندي

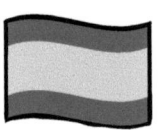

espanhol

هسپانوي

francês

فرانسوي

árabe

عربي

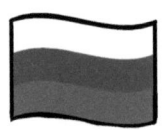

russo

روسي

português

پرتګالي

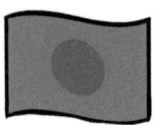

bengalês

بنګالي

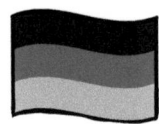

alemão

آلماني

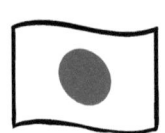

japonês

جاپاني

quem / o quê / como

څوک/څه/څنګه

eu

زه

tu

ته

ele / ela

هغه/دغه/دا

nós

موږ

vós

تاسي

eles / elas

دوی/هغوی

quem?

څوک؟

o quê?

څه؟

como?

څنګه؟

onde?

چیرې؟

quando?

کله؟

nome

نوم

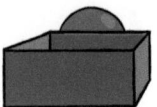

onde

چیرې

atrás

شاته

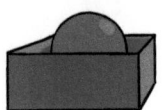

em

په

à frente de

په مخه کې

sobre

باندې

em cima

په

debaixo

لاندې

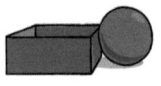

ao lado

برسیره پر

entre

ترمینځ

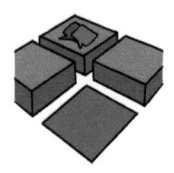

lugar

ځای